Rudolf Steiner Erziehung und Selbsterziehung des Kindes und Jugendlichen

Rudolf Steiner

Erziehung und Selbsterziehung des Kindes und Jugendlichen

Von der Gottesliebe zur Werkliebe

Herausgegeben und kommentiert
von Cornelius Bohlen

RUDOLF STEINER
VERLAG

1. Auflage 2019

Einbandgestaltung: Finken & Bumiller, Stuttgart
Satz: Satz für Satz, Wangen im Allgäu
Druck und Bindung: Christian Theiss GmbH, St. Stefan
Printed in Austria

ISBN: 978-3-7274-5420-2
www.steinerverlag.com

INHALT

7 Einführung
von Cornelius Bohlen

11 Erziehung und Selbsterziehung des Kindes und Jugendlichen
Von der Gottesliebe zur Werkliebe
Vortrag, Dornach, 20. April 1923

11 **Drei Urtugenden**
12 **Dankbarkeit und Gottesliebe**
17 **Erwachen von Liebe und Ethik**
23 **Über Erziehen und Heilen**
26 **Gebärden – Sprache – Handlungen**
31 **Frei entstehende Werkliebe**
32 **Jede Erziehung ist Selbsterziehung**
36 **Zwei Sozialsätze**

39 Individuelle Freiheit und soziales Vertrauen
Auszug aus dem Vortrag, Oxford, 29. August 1922

45 Ehrfurcht, Liebe und Freiheit
Auszug aus dem Vortrag, Oxford, 19. August 1922

51 Drei goldene Regeln der Erziehungskunst
Aus einem Notizbuch

Anhang

55 Textgrundlage
56 Hinweise zum Text

EINFÜHRUNG

Rudolf Steiners Vortrag vom 20. April 1923, der hier als Sonderausgabe zum Abdruck kommt, gibt in besonderer Weise eine einführende Zusammenfassung der anthroposophischen Pädagogik. Die darin ausgeführten Motive finden sich verschiedentlich verstreut auch im weiteren pädagogischen Schrifttum und Vortragswerk Steiners, für den nach eigenem Bekenntnis die Äußerung des menschlichen Geistes in den leiblichen Regungen des kleinen Kindes das größte zu beobachtende Wunder im Erdendasein war. Aber nur in diesem Vortrag wird die Entwicklung des Kindes und Jugendlichen als eine Folge von Formen und Fähigkeiten der Liebe so zusammenhängend und in einzigartiger Durchführung dargestellt.

Der Vortrag wurde im Rahmen eines achttägigen Lehrerkurses gehalten, der auf Initiative von Lehrerinnen und Lehrern aus verschiedenen Gebieten der Schweiz in Dornach zustande gekommen war, aber unter anderem auch von Eltern und von Lehrerinnen und Lehrern aus Deutschland und der Tschechoslowakei besucht wurde. Die Lehrer wollten von Steiner wissen, was anthroposophische Erkenntnis für ihr pädagogisches Tun in der Praxis zu sagen hat. Der dicht gestaffelte Kurs mit täglichen Vorträgen Steiners wurde ergänzt durch einzelne Vorträge von Lehrern der 1919 in Stuttgart entstandenen und von Steiner geleiteten ersten Waldorfschule; es gab zudem Diskussionen, Unterrichtsbeispiele, Übungen in Eurythmie, Malen usw. Es war die Zeit der frühen internationalen Verbreitung der Waldorfpädagogik. Zwischen den

Beanspruchungen durch zahlreiche Tätigkeiten in anderen Lebensgebieten hielt Steiner auf Anfrage interessierter Kreise in verschiedenen Ländern pädagogische Vorträge und Kurse zur anthroposophischen Menschenerkenntnis.

Die Entwicklung des Menschen durch seine ersten Lebensalter bis zum Erwachsensein wird in diesem Vortrag ganz aus dem inneren Gefühlsleben und der Perspektive des Kindes und Jugendlichen auf drei seelischen Ebenen betrachtet: als eine Folge von universell veranlagten Grundtugenden, als eine Folge von Liebefähigkeiten und als eine Folge von Wahrnehmungsweisen, wie der sich entwickelnde Mensch seine Umgebung erlebt. Der Vortrag mündet in das Urmotiv jeder modernen und der anthroposophischen Pädagogik, dass alle Erziehung in Wirklichkeit Selbsterziehung des Menschen sei, mehr oder weniger fördernde oder hemmende, gelingende oder misslingende Begleitung der Entwicklung einer Individualität, die ganz in sich selbst gründet. Ein Motiv, das von Steiner an die entsprechende Selbstlosigkeit von Erzieherinnen und Erziehern gekoppelt wird. Zu berücksichtigen ist, dass der Vortrag gemäß seinem einleitend angegebenen Thema auf die «sittliche und soziale Erziehung» ausgerichtet ist, also auf den höchsten und menschlichsten Erziehungszweck, das Wollen und Tun des Menschen, seine moralische Erziehung.

Leicht zu erkennen ist, dass im Hintergrund der Darstellung Steiners geisteswissenschaftliche Erkenntnisse über die ersten drei Jahrsiebte des menschlichen Lebens stehen, die er in anderen Werken gründlich ausgeführt hat. Sie sind die Quelle der anthroposophischen Pädagogik, aus der Steiner während langjähriger Forschung immer neue konkrete Entdeckungen über die geistige, die seelische und vor allem auch die leibliche Entwicklung des Menschen geschöpft hat. Der Vortrag ist ein Beispiel für viele solcher Forschungsergebnisse, deren Dimensionen noch längst nicht durchdrungen sind. Ob diese Ergebnisse als Esoterik, Mystik, Spekulation oder Wissenschaft aufgefasst werden, mag unter anderen Gesichtspunkten von Interesse sein, ist aber für die Praxis wenig bedeutsam, weil Steiner seine Erkenntnisse bewusst in einer begrifflichen Form dargestellt hat, die sowohl der wissenschaftlichen Forschung im strengen Sinne offensteht wie auch vom allgemeinen Verstandesdenken des Menschen und am Leben geprüft werden kann.

Steiner war nicht nur Freiheitsphilosoph und Begründer der Anthroposophie, er war ein großer Befreier der Kindheit. In seiner Geistesforschung ging es ihm um innere Leitlinien für Erzieherinnen und Erzieher in der Praxis, die aus Einsichten in die tieferen Vorgänge der menschlichen Natur gewonnen werden, nicht um Reglemente, die das Leben von Kindern und Jugendlichen einschnüren. So gewonnene Maximen können auf tausenderlei Art in freier Weise überall angewendet werden, wo Erziehung stattfindet. Die Frage, ob ich die ureigene Liebe von Heranwachsenden zur Welt fördere, ist eine ganz andere als diejenige, ob ich in einer Unterrichtsstunde den Stoff X, das Lernziel Y oder das Testverfahren des Kompetenzpunktes Z erreiche.

Der Abdruck des Vortrags wird in dieser Ausgabe ergänzt um zwei kurze Auszüge aus weiteren Vorträgen zu ähnlichen Motiven und am Schluss um einen bekannten Spruch aus Steiners Notizbüchern: Er verdichtet den Vortragsinhalt in knappster Form zu drei Kernsätzen, die auch als meditative Formel verstanden werden können.

Cornelius Bohlen

ERZIEHUNG UND SELBSTERZIEHUNG DES KINDES UND JUGENDLICHEN

Von der Gottesliebe zur Werkliebe

Vortrag, Dornach, 20. April 1923

Drei Urtugenden

Wenn man das Verhältnis des heranwachsenden Menschen zur allgemein menschlichen Umgebung ins Auge fasst, dann ergeben sich vorzugsweise die Grundsätze der sittlichen und der sozialen Erziehung. Und auf diese wollen wir heute zunächst, wenn das auch leider alles nur in skizzenhafter Weise geschehen kann, in Kürze einen Blick werfen. Auch da handelt es sich darum, dass man sich möglichst anzupassen weiß an die Individualität des heranwachsenden Menschen. Aber man wird auch zu berücksichtigen wissen, dass man ja als Erziehender, als Unterrichtender selber aus dem sozialen Leben der Umgebung heraus ist und eigentlich in Person dieses soziale Leben und die sittlichen Anschauungen der Umgebung an das heranwachsende Kind eben heranbringt. Auch da muss gerade dasjenige in pädagogisch-didaktischer Beziehung getan werden, was nun wirklich Aussicht bietet, dass es einströmt in die eigene Wesenheit des Menschen, die man eben dazu in der Art erkennen muss, wie das in den letzten Tagen hier angedeutet worden ist.

Es ist ja in der Tat so, dass außerordentlich viel abhängt von der Art und Weise, wie man gerade in einem bestimmten Lebensalter die Dinge an das Kind heranbringt. Nun gibt es drei Tugenden, die betrachtet werden müssen, auf der einen Seite in Bezug auf die Entwicklung des Kindes, aber auf der anderen Seite auch im Zusammenhang mit dem ganzen sozialen Menschenleben. Es sind die drei Grundtugenden. Und diese drei Grundtugenden sind erstens dasjenige, was leben kann in dem Dankbarkeitswillen, zweitens dasjenige, was leben kann in dem Liebewillen, drittens dasjenige, was leben kann in dem Pflichtwillen. Im Grunde genommen sind diese drei Tugenden doch die Urtugenden des Menschen. Alle anderen liegen in gewisser Weise darin beschlossen.

Dankbarkeit und Gottesliebe

Nun ist der Blick der Menschheit viel zu wenig auf dasjenige gerichtet, was ich hier in diesem Zusammenhang die Dankbarkeit nennen möchte. Dankbarkeit ist aber eine Tugend, die, wenn sie im vollen Sinne in der menschlichen Seele sich ausleben soll, etwas ist, was wachsen muss mit dem Menschen, was in den Menschen bereits einströmen muss in der Zeit, wo die Wachstumskräfte nach innen zu am allerlebendigsten und am allermeisten plastisch sind. Die Dankbarkeit ist gerade etwas, was sich entwickeln muss aus jenem Verhältnis des Leiblich-Religiösen, das ich in diesen Tagen angeführt habe als herrschend beim Kinde von der Geburt ab bis zum Zahnwechsel hin. Aber es ist auch diese Dankbarkeit etwas, was sich in diesem Lebensabschnitt bei einer richtigen Behandlung des Kindes ganz von selbst ergibt. Strömt aus dem Innern des Kindes das, was da in der Nachahmung einfließt, in der richtigen Verehrung, in der richtigen Liebe zu demjenigen aus, was in der Umgebung des Kindes an Eltern oder sonstigen Erziehern lebt, so wird alles das, was da im Kinde von der Seele ausströmt, wirklich von Dankbarkeit durchflossen sein. Ich möchte sagen: Wir müssen uns nur so benehmen, dass wir des Dankes wert und würdig sind, dann strömt uns schon von den Kindern dieser Dank auch zu – gerade in dem ersten Lebensabschnitt. Und dann entwickelt sich diese Dankbarkeit so, dass sie heranwächst; heranwächst, indem sie in die Wachstumskräfte hineinströmt, welche die Glieder groß werden lassen, welche selbst die chemische Zusammensetzung des Blutes und der anderen Säfte ändern. Im Leibe lebt diese Dankbarkeit, und sie muss im Leibe leben, sonst sitzt sie nicht gründlich genug im Menschen. Falsch wäre es, etwa das Kind zu ermahnen: Du sollst dankbar sein für dasjenige, was dir deine Umgebung erweist. Dagegen sollte man in die Lebensformen wie selbstverständlich hereinbringen das Dankbarkeitsgefühl, indem man schon das Kind zuschauen lässt, wie man selbst als Erwachsener für die Dinge, die einem der andere Mensch freiwillig gibt oder erweist, dankbar ist und das auch ausdrückt; indem man das Kind also auch da an die Nachahmung des Dankbarkeitsgefühls, das in der Umgebung herrscht, gewöhnt. Eignet das Kind sich von selbst, nicht durch Ermahnungen an, recht häufig zu sagen: «Ich danke» – nicht auf ein Gebot hin, sondern auf Nachahmung hin –, so ist das etwas, was außerordentlich günstig wirkt für die ganze Entwicklung des Menschen. Denn gerade aus dem Dankbarkeitsgefühl, das man viel zu wenig berücksichtigt, das sich im ersten Lebensabschnitt im Kinde festlegt, entwickelt sich nämlich ein umfassendes, universelles Dankbarkeitsgefühl gegenüber der ganzen Welt. Und das ist so wichtig, dass der Mensch sich dieses Dankbarkeitsgefühl gegenüber der ganzen Welt aneignet. Das braucht nicht immer ins Bewusstsein heraufzusteigen, aber es kann unbewusst empfindungsgemäß im Menschen leben, dass er dankbar dafür ist, wenn er nach irgendeiner Anstrengung in eine Gegend kommt, wo ihm eine schöne Wiese begegnet mit vielen Blumen. Es kann im Menschen unbewusst empfindungsgemäß auftauchen ein Dankbarkeitsgefühl für alles, was er in der Natur sieht. Es kann auftauchen ein Dankbarkeitsgefühl jeden Morgen, wenn die Sonne neu heraufkommt. Es kann auftauchen ein Dankbarkeitsgefühl gegenüber allen Naturerscheinungen. Und in entsprechender Weise abgestuft entwickelt sich, wenn wir uns eben in der richtigen Weise den Kindern gegenüber verhalten, ein Dankbarkeitsgefühl gegenüber alledem, was einem die Menschen geben, was einem die Menschen erweisen, was sie einem sagen, wie sie einem zulächeln, wie sie einen behandeln und so weiter. Dieses universelle Dankbarkeitsgefühl ist die Grundlage für die wahrhafte Religiosität des Menschen. Man weiß nämlich nicht immer im Leben, dass gerade dieses universelle Dankbarkeitsgefühl, wenn es den Menschen in seiner Ganzheit ergreift, dasjenige ist – und dazu muss es ihn schon im ersten Lebensabschnitt ergreifen –, was dann etwas ganz anderes noch erzeugt. Es ist nämlich im Menschenleben so, dass die Liebe selbst in alles einströmt, wenn nur durch das Leben die entsprechende Gelegenheit gegeben ist, diese Liebe entwickeln zu können. Für die intensivere Entwicklung der Liebe bis ins Physische hinein ist ja erst Gelegenheit im zweiten Lebensabschnitt zwischen dem Zahnwechsel und der Geschlechtsreife. Aber gerade jene zarte Blüte Liebe, die noch ohne nach außen zu wirken tief im Innern des Kindes wurzelt, die setzt sich fest mit dem Heranentwickeln der Dankbarkeit. Und die Liebe, die im ersten kindlichen Lebensabschnitt an der Dankbarkeit sich erzeugt, das ist die Gottesliebe. Man soll sich klar sein darüber, dass, wie man einpflanzen muss die Wurzeln einer Pflanze in den Boden, damit man später die Blüte hat, man auch einpflanzen muss die Dankbarkeit, weil diese die Wurzel der Gottesliebe ist. Denn die Gottesliebe wird sich eben als die Blüte gerade aus der Wurzel der universellen Dankbarkeit entwickeln.

Man muss auf solche Dinge aufmerksam sein, weil man ja abstrakt gewöhnlich weiß, was im Leben sein soll; aber konkret weiß man es nicht. Abstrakt kann man natürlich leicht die Forderung aufstellen, die Menschen sollen die Gottesliebe in sich tragen. Das ist ja so richtig wie möglich. Aber abstrakte Forderungen haben das Eigentümliche, dass sie sich in ihrer Abstraktheit nicht verwirklichen.

Darf ich noch einmal auf etwas zurückkommen, was ich in den letzten Tagen gesagt habe. Man könne dem Ofen gut zusprechen: Sieh einmal, du bist ein Ofen; wir haben dich dahin gesetzt, damit du das Zimmer warm machst; dein kategorischer Imperativ, der richtige kategorische Ofen-Imperativ ist, dass du das Zimmer warm machst. – Das Zimmer wird davon nicht warm! Aber ich kann diese ganze Rede weglassen und den Ofen einheizen mit Holz, dann macht der Ofen, auch wenn ich ihn nicht auf seinen kategorischen Ofen-Imperativ hinweise, das Zimmer warm. Und so ist es auch, wenn wir das Richtige im richtigen Lebensalter an das Kind heranbringen. Bringen wir also Dankbarkeit im ersten Lebensabschnitt an das Kind heran, so wird sich, wenn wir später das andere vollbringen, was ich noch nachher sagen werde, aus der Dankbarkeit gegenüber der ganzen Welt, gegenüber dem Kosmos, zuletzt aus jenem

Dankbarkeitsgefühl, das eigentlich alle Menschen beseelen müsste, dem Dankbarkeitsgefühl dafür, dass man überhaupt da ist in der Welt – es wird sich aus diesem Dankbarkeitsgefühl heraus dann entwickeln gerade die innerste, wärmste Frömmigkeit; jene Frömmigkeit, die nicht auf den Lippen, in den Gedanken sitzt, sondern die den ganzen Menschen erfüllt, die auch ehrlich und aufrichtig und ganz wahr ist. Aber die Dankbarkeit muss eben wachsen. Und wachsen kann Seelisch-Geistiges in so intensiver Weise, wie das geschehen muss mit der Dankbarkeit, nur wenn diese Dankbarkeit herausentwickelt wird aus den zarten Regungen des Kindes zwischen der Geburt und dem Zahnwechsel. Dann ist diese Dankbarkeit die Wurzel der Gottesliebe. Sie begründet die Gottesliebe.

Und wenn wir das Kind in die Volksschule hereinbekommen, dann werden wir als Lehrer oder Erzieher stark hingewiesen darauf, zu betrachten, wie der Lebenslauf bis zu diesem schulpflichtigen Alter war. Und eigentlich müsste immer ein inniger Kontakt da sein mit dem Elternhaus, mit dem, was vorangegangen ist. Dieser Kontakt müsste immer gesucht werden. Der Lehrende und Erziehende soll eine deutliche Vorstellung von dem haben, was – einfach durch die sozialen Verhältnisse entwickelt – da ist dadurch, dass das Kind in einer bestimmten Weise hereingestellt war in ein Milieu. Und man wird dann immer Gelegenheit haben, wenn man die Dinge nur erkennt, sie auch noch während des schulpflichtigen Alters in dieser oder jener Weise zu korrigieren. Aber man muss sie eben in der richtigen Weise erkennen. Dazu ist der Kontakt mit dem Elternhause notwendig. Es ist notwendig, dass man in sorgfältiger Weise hinschaut: Was kann das Kind von dieser oder jener Mutter gesehen und nachahmend in sich erbildet haben? Das ist so ungeheuer wichtig zu beachten, wenn das Kind die Volksschule beginnt. Das gehört ebenso zur Pädagogik und Didaktik wie dasjenige, was ich in der Klasse vollbringe. Man darf diese Dinge von einer wirklichen Pädagogik und Didaktik eben nicht ausschließen.

Erwachen von Liebe und Ethik

Und nun haben wir gesehen, dass zwischen dem Zahnwechsel und der Geschlechtsreife eine selbstverständliche Autorität zwischen dem Lehrenden und Erziehenden und dem Kinde sich entwickeln muss. An dieser selbstverständlichen Autorität wächst nun heran die zweite Grundtugend, die Liebe. Denn der menschliche Organismus ist gerade in der Zeit vom Zahnwechsel bis zur Geschlechtsreife eben als Organismus auch geneigt, sich zur Liebe hin zu entwickeln. Nun, man muss in unserem heutigen Zeitalter gerade die Tugend der Liebe im richtigen Lichte sehen. Denn der Materialismus hat allmählich tatsächlich die Liebe außerordentlich stark zu einer vereinseitigten Vorstellung gebracht. Und da dieser Materialismus vielfach die Liebe nur in der Geschlechtsliebe sehen will, so führt er alle anderen Liebesäußerungen eigentlich auf versteckte Geschlechtsliebe zurück. Und wir haben ja sogar in demjenigen, was ich gestern bezeichnete als «Dilettantismus zum Quadrat» – nicht bei allen, viele lehnen das ab –, aber wir haben bei vielen Psychoanalytikern geradezu eine Zurückführung von sehr vielen Lebenserscheinungen, die damit gar nichts zu tun haben, auf das sexuelle Element. Demgegenüber muss gerade der Lehrende und Erziehende sich etwas angeeignet haben von dem Universellen der Liebe. Denn nicht nur die Geschlechtsliebe bildet sich aus in dem Zeitalter vom Zahnwechsel bis zur Geschlechtsreife, sondern überhaupt das Lieben, das Lieben für alles. Die Geschlechtsliebe ist nur ein Teil der Liebe, die sich heranbildet in diesem Lebensalter. Man kann in diesem Lebensalter sehen, wie sich die Naturliebe heranbildet, wie sich die allgemeine Menschenliebe heranbildet, und man muss eben einen starken Eindruck davon haben, wie die Geschlechtsliebe nur ein Spezialkapitel ist in diesem allgemeinen Buche des Lebens, das von der Liebe redet. Wenn man das versteht, so wird man auch die Geschlechtsliebe erst in der richtigen Weise ins Leben hinein orientieren können. Heute ist im Grunde genommen gerade für viele Theoretiker die Geschlechtsliebe der Moloch geworden, der alle Liebespflanzen eigentlich nach und nach aufgefressen hat.

Die Liebe entwickelt sich in der Seele in anderer Weise als die Dankbarkeit. Die Dankbarkeit muss wachsen mit dem Menschen; daher muss sie eingepflanzt werden in jenem Lebensalter, wo die Wachstumskräfte am stärksten sind. Die Liebe, die muss erwachen. Es ist tatsächlich in der Entwicklung der Liebe etwas wie ein Vorgang des Erwachens. Die Liebe muss auch in ihrer Entwicklung in seelischeren Regionen gehalten werden. Dasjenige, in das der Mensch hineinwächst, indem er die Liebe in sich allmählich entwickelt, ist ein langsames, allmähliches Erwachen, bis zuletzt das letzte Stadium dieses Erwachens eintritt. Beobachten Sie einmal das gewöhnliche alltägliche Erwachen: zuerst noch sehr von Dumpfheit durchzogene Vorstellungen, vielleicht auftretende Empfindungen ... die Augen entringen sich langsam dem Geschlossensein ... ein Von-außen-zu-Hilfe-Kommen – zuletzt das Übergehen des Aufwache-Momentes in Physisches.

So ist es nämlich – nur eben, dass es beim Kinde durch ungefähr sieben Jahre hindurch dauert – mit dem Erwachen der Liebe. Zuerst regt sich die Liebe in alledem, was ja so sympathisch gerade beim Kinde anzusprechen ist, wenn wir ihm die ersten Dinge in der Schule beibringen wollen. Wenn wir da anfangen mit dieser Bildhaftigkeit, die ich geschildert habe, an das Kind heranzutreten, dann sehen wir die Liebe gerade dieser Betätigung entgegenkommen. Und es muss alles in diese Liebe getaucht werden. Da hat die Liebe etwas ungemein Seelisches, etwas ungemein Zartes. Da ist man, wenn man sie mit dem gewöhnlichen Erwachungsakte vergleicht, eigentlich noch tief drinnen im Schlafe oder im schlafenden Träumen des Kindes – der Lehrer soll das natürlich nicht sein, obwohl es oftmals gerade er ist, der im schlafenden Träumen drinnen ist. Das weicht dann einem stärkeren Ruck ins wache Leben. Und bei alledem, was ich gestern und vorgestern geschildert habe für die Zeit zwischen dem neunten und zehnten Jahr, dann insbesondere gegen das zwölfte Jahr hin, erwacht die Naturliebe. Wir werden sie erst da richtig herauskommen sehen.

Vorher ist etwas ganz anderes da gegenüber der Natur: die Liebe zu all dem feenhaft Belebten in der Natur, was bildhaft für das Kind geschaffen werden muss im Behandeln des Kindes. Dann erwacht die Liebe zu den Realitäten in der Natur. Und da haben wir eine ganz besonders schwere Aufgabe: in dasjenige, was nun in diesen Lebensabschnitt hineinfällt – die Kausalität, die Behandlung des Unlebendigen, die Behandlung der geschichtlichen Zusammenhänge, die ersten Anfangsgründe der Physik, der Chemie –, in all das haben wir als Lehrer die große Aufgabe – ja, ich mache keinen Scherz, ich sage das mit allertiefstem Ernst –, Grazie hineinzubringen. Es ist für den Unterricht und für die Erziehung ganz besonders notwendig, dass wir zum Beispiel in die Geometrie, in den Physikunterricht Grazie hineinbringen, wirkliche Grazie; es muss der Unterricht graziös werden, er darf vor allen Dingen nicht sauer sein. Gerade daran leidet das Unterrichten und Erziehen in dem Lebensabschnitt so zwischen elfeinhalb oder elfdreiviertel Jahren und dem vierzehnten und fünfzehnten Jahr in diesen Fächern so sehr, dass er oftmals so sauer ist, dass, was gesagt werden muss über die Lichtbrechung, über die Lichtreflexion, über die Flächenberechnung der Kugelkalotte und so weiter, nicht mit Grazie, sondern in Säuerlichkeit vorgebracht wird.

Gerade für diesen Lebensabschnitt muss man eines berücksichtigen: Der Lehrer muss hineintragen in die Schule ein seelisches Atmen, das sich dann in einer ganz merkwürdigen Weise den Kindern mitteilt. Ein seelisches Atmen. Atmen besteht in Ein- und Ausatmen. Sehen Sie, meistens oder doch vielfach atmen die Lehrer bei dem Physik- und Geometrieunterricht seelisch bloß aus. Sie atmen nicht ein – und das Ausatmen erzeugt auch da das Säuerliche; das seelische Ausatmen meine ich, das in trockener Weise nur beschreibt, das alles durchwaltet mit einem persönlich angeeigneten Riesenernst. Der Ernst kann schon da sein, aber nicht der Riesenernst. Und das seelische Einatmen, das besteht nämlich in dem Humor, in dem Humor, zu dem alles Veranlassung gibt im Klassenzimmer und sonst, wo man Gelegenheit hat, mit dem zu Erziehenden und zu Unterrichtenden beisammen zu sein. Das einzige Hindernis, das da sein kann für die Humorentwicklung, das kann nur der Lehrer sein; die Kinder sind es ganz gewiss nicht, und ganz gewiss ist es auch nicht all das, was man zu lehren hat, wenn man es richtig hineinstellt in diesen Lebensabschnitt. Das einzige Hindernis kann wirklich nur der Lehrer sein. Wenn der Lehrer es wirklich dazu bringt, während des Unterrichts nicht selbst noch zu kauen an dem Inhalt des Unterrichts, dann kann er nach und nach sogar dazu aufrücken, dass tatsächlich das reflektierte Licht unter Umständen auch Witze macht, dass die Kugelkalotte, wenn sie sich berechnen muss ihrem Flächeninhalte nach, lächelt. Das alles muss natürlich nicht in zwangsweise herbeigeholten Witzen geschehen. Die Dinge müssen in den Humor getaucht werden, sie müssen durchaus in die Sache selbst hineingestellt werden und aus der Sache herausgeholt werden. Das ist es, worauf es ankommt. Die Veranlassung muss in den Dingen selbst gesucht werden. Vor allen Dingen, man soll gar nicht nötig haben, sie zu suchen. Man soll höchstens als gut vorbereiteter Lehrer nötig haben, Disziplin hineinzubringen in dasjenige, was einem beim Unterricht alles einfällt. Es fällt einem nämlich, wenn man gut vorbereitet ist, alles Mögliche ein. Aber das Gegenteil ist auch da: Falls man nicht gut vorbereitet ist, fällt einem nichts ein, weil man da eben zu kauen hat an dem Unterrichtsstoff. Das verdirbt die Ausatmung und lässt die frische, humorvolle Luft der Seele nicht herein. – Also das ist gerade auf dieser Unterrichtsstufe außerordentlich notwendig.

Wenn der Unterricht nun so verläuft, dann geschieht das Aufwachen so, dass die menschliche Seele und der menschliche Geist zuletzt die richtige Stellung haben, wenn der letzte Akt des Aufwachens, das Herankommen der Geschlechtsreife, wirklich auftritt. Das ist nämlich tatsächlich dann dasjenige, wo etwas, was sich zuerst in zarter, dann in stärkerer Weise in der Seele entwickelt hat, zuletzt die Körperlichkeit in der richtigen Weise ergreifen kann.

Nun werden Sie vielleicht sagen: Ja, wie muss man sich denn als Lehrer selber heranbilden, um in dieser Weise zu wirken? Sehen Sie, da kommt etwas in Betracht, was ich bezeichnen möchte als das Soziale der Lehrerbildung, auf das viel zu wenig gesehen wird. Es steckt noch viel zu viel in der Lehrerbildung von dem darinnen, was ein gewisses Zeitalter – nicht die alten Zeiten, aber ein gewisses Zeitalter – mit der Lehrerschaft verbunden hat. Die Lehrerschaft wurde doch nicht in dem Grade in der allgemeinen Menschensozietät drinnen geachtet und verehrt, wie sie das sein sollte. Und nur wenn die menschliche Gesellschaft der Lehrerschaft die richtige Achtung entgegenbringt, nur wenn sie in dem Lehrer wirklich sieht – ich meine nicht nur dann sieht, wenn man eine politische Rede hält, sondern mit dem Gefühl wirklich dasjenige sieht, was immerzu die neuen Einschläge in die Zivilisation bringen muss –, nur in einem solchen Verhältnis entwickelt sich das, was der Lehrer als Rückhalt braucht. Und eine solche Anschauung, oder vielleicht besser gesagt eine solche Empfindung, wird in die Lehrerbildung vor allem das hineintragen, was eine umfassende Lebensauffassung ist. Denn der Lehrer braucht eine umfassende Lebensauffassung. Der Lehrer braucht ein lebendiges Vollhineingestelltsein ins Leben. Der Lehrer braucht nicht bloß ein fachmännisch ihm Zugeführtes in Pädagogik und Didaktik, wie man es hat, er braucht nicht bloß ein Zugerichtetsein auf das Unterrichten in diesem oder jenem Lehrfach, sondern er braucht vor allen Dingen etwas, was sich in ihm selbst jederzeit erneuert. Er braucht eine ihn durchseelende Lebensauffassung. Ein tiefes Verständnis des Lebens überhaupt braucht er. Er braucht viel mehr, als er auf die Lippen nehmen kann, wenn er vor den Kindern steht. Das ist etwas, was eben gerade in die Lehrerbildung hineinfließen muss. Und man sollte eigentlich auch die pädagogische Frage im strengsten Sinne als eine soziale Frage betrachten. Die aber umfasst sowohl den Unterricht in der Schule wie auch die Entwicklung der Lehrerschaft selber.

Über Erziehen und Heilen

Nun sehen Sie, dasjenige, was hier vertreten wird als Pädagogik und Didaktik für den gegenwärtigen Zeitpunkt der Menschheitsentwicklung, soll durchaus nicht so gemeint sein, als ob es aufrührerisch, als ob es radikal umstürzlerisch wirken wollte. Es wäre ein tiefes Missverständnis, wenn man das glauben würde. Es soll sich durchaus handeln um dasjenige, was man, ohne zu irgendwelchen Radikalismen zu kommen, in die Gegenwart einführen kann, wenn man eben nur auf es selber sieht. Nur darum kann es sich handeln. Aber man möchte doch sagen: Gerade das soziale Betrachten der pädagogischen Fragen, das ist etwas, was uns auf vieles auch im Leben hinweist. Und so möchte ich etwas jetzt erwähnen, nicht eigentlich, um das dem Inhalte nach jetzt etwa in der Gegenwart vertreten zu wollen, etwa damit agitieren zu wollen, sondern nur um zu illustrieren, gleichsam um auszusprechen: Das muss einmal kommen. Die Gegenwart kann das noch nicht machen – also betrachten Sie das bitte nicht als Radikalismen, was ich jetzt aussprechen möchte.

Sehen Sie, in der Gegenwart macht man Leute zu Doktoren, die eigentlich im Grunde genommen in dem, was sie bis zum Doktorwerden durchgemacht haben, gar nicht erprobt sind. Man ist nämlich durchaus nicht erprobt auf chemisches oder geografisches oder geologisches Können, wenn man in dem Zustande ist, in dem man heute sehr häufig zum Doktor gemacht wird. Sondern man ist in dieser Möglichkeit, so etwas zu haben, erst dann, wenn man die Probe daraufhin abgelegt hat, dass man es in richtiger Weise lehrend und erziehend einem anderen übermitteln kann. Und für jenen Lebenspunkt, wo der Mensch auf irgendeiner Stufe die Probe dafür abgelegt hat, dass er dasjenige, was er in sich aufnimmt, auch lehrend und erziehend einem anderen beibringen könnte, sollte es eigentlich aufgehoben werden, die Menschen zu Doktoren zu machen. Sehen Sie, da steckt etwas in den Volksinstinkten drinnen, was außerordentlich weise ist. Die Volksinstinkte nennen eigentlich nur den einen Doktor, der heilen kann, der Proben darüber liefert, dass er heilen kann; der also im lebendigen Tun drinnensteckt, nicht bloß im Wissen von der Medizin. Nun haben sich zwei Begriffe aus einem gebildet, die Begriffe Erziehen und Heilen. Das Erziehen wurde in älteren Zeiten auch als ein Heilen gedacht. Der Prozess des Erziehens galt auch als ein Gesundmachen des Menschen. Weil man, wie ich schon angedeutet habe, an dem Menschen fand, dass er zu viel von dem bloß Vererbten an physischen Dingen in sich hat, war das Erziehen ein Heilen. Wenn man sich im alten Sinne terminologisch ausdrückt, kann man sogar sagen: ein Heilen von der Erbsünde. Sodass die Heilprozesse, die der Doktor vornimmt, nur eben ein wenig auf einem anderen Niveau stehen, aber im Wesen dasselbe sind, was auch der Lehrer vornimmt. Der Lehrer ist für eine umfassende Weltanschauung ebenso ein Heiler, wie der Arzt ein Heiler ist. Und so könnte schon auch jenes soziale Gewicht damit zusammenfallen, welches ernste Bezeichnungen – die Bezeichnungen haben ja doch eine Bedeutung im sozialen Leben – dann geben können, wenn ins Bewusstsein überginge: Aus demjenigen, der erprobt ist, der im Leben das anwenden kann, was er sonst bloß wissend besitzt, aus dem soll erst ein Doktor gemacht werden, das heißt, ihm wird diese Würde zuerkannt. Weil das eigentlich ja sonst eine bloße Etikette ist.

Nun, wie gesagt, das ist nicht etwas, was ich für die Gegenwart agitatorisch fordern will. Ich würde das nie in eine andere Rede als in eine pädagogische hineinverweben. Ich weiß genau zu unterscheiden, welche Forderungen man in der Gegenwart ausführen kann und welche Forderungen sich in der Gegenwart so ausnehmen, wie wenn man zugemachte Türen – nicht offene Türen, sondern zugemachte Türen – einrennen wollte. Derjenige, der wirklich etwas im Leben erreichen will, der stellt nicht abstrakte, ferne Ideale auf, an denen er entweder das Genick bricht oder sich die Stirne zerstößt, sondern der versucht, immer im Einklang mit dem Leben zu sein. Dann kann man auch zur Illustration desjenigen, was in der Gegenwart möglich ist, das benützen, was in der Zukunft kommen soll. Denn was ich eben ausgesprochen habe, kann nur die Forderung einer fernen Zukunft sein. Aber fühlen können wir die Würde, die im sozialen Leben gerade der Lehrerschaft zukommen sollte. Und es kommt mir darauf an, dass wir uns diese Würde illustrieren durch so etwas, wie ich es eben ausgesprochen habe. Und wenn der Lehrer das gleichsam als einen Rückhalt hat, was ich eben angedeutet habe, dann wird sich innerhalb der selbstverständlichen Autorität, die in der Schule walten soll, eben auch die Liebe als richtiges Erwachen von Stufe zu Stufe zeigen. Die Dinge haben ihren Ursprung manchmal in etwas ganz anderem, als man vermeint.

Und so wie die Gottesliebe in der Dankbarkeit ihre Wurzel hat, so hat nun wiederum die richtige moralische Impulsivität in der Liebe ihren Ursprung, welche ich eben angedeutet habe. Denn alles Übrige begründet nicht die wahre ethische Tugend. Die wahre ethische Tugend wird nur begründet durch die Menschenliebe. Diese Menschenliebe, die es macht, dass wir nicht so, wie es in der Gegenwart vielfach der Fall ist, nebeneinander vorbeigehen und uns eigentlich gar nicht kennen, weil wir kein Auge mehr haben für die individuellen Eigenschaften des Nächsten – diese allgemeine Menschenliebe, die auf menschliches Verständnis ausgeht, sie erwacht ebenso zwischen dem Zahnwechsel und der Geschlechtsreife, wie die Dankbarkeit wächst zwischen der Geburt und dem Zahnwechsel. Alles müssen wir tun in der Schule, um diese allgemeine Menschenliebe zum Erwachen zu bringen.

Gebärden – Sprache – Handlungen

Was ist es denn, das in der Umgebung für das Kind im ersten Lebensabschnitt bis zum Zahnwechsel geschieht? Die Menschen tun etwas in der Umgebung des Kindes. Aber das, was das Kind aufnimmt von dem Tun der Menschen, das sind nicht die Handlungen der Menschen. Das Kind hat noch gar kein Wahrnehmungsvermögen für die Handlungen der Menschen. Sondern alles, was das Kind in der Umgebung wahrnimmt, das sind für das Kind sinnvolle Gebärden. Im ersten Lebensabschnitt haben wir es in der Tat zu tun mit einem Verständnis für sinnvolle Gebärden. Und sinnvolle Gebärden ahmt das Kind nach. Und aus der Wahrnehmung der sinnvollen Gebärden entwickelt sich das Dankbarkeitsgefühl und dann aus dem Dankbarkeitsgefühl der Dankbarkeitswille.

Auch das Kind vom Zahnwechsel bis zur Geschlechtsreife, besonders in den ersten Jahren, nimmt noch nicht Handlungen wahr in seiner Umgebung, sondern alles, was es wahrnimmt, selbst das, was die Menschen in der Umgebung durch ihre Bewegungen tun, durch ihr sonstiges Handeln eben tun, das ist für das zweite Lebensalter vom Zahnwechsel bis zur Geschlechtsreife nun nicht mehr bloß eine Summe von sinnvollen Gebärden, sondern eine bedeutungsvolle Sprache. Für das Kind vom Zahnwechsel bis zur Geschlechtsreife ist auch dasjenige, was in seiner Umgebung getan wird, nicht bloß das, was gesprochen wird, eine bedeutungsvolle Sprache. Es ist nicht so sehr das, was der Erwachsene sagt, das Wichtige für das Kind.

Wenn der Lehrer auf die Tafel schreibt *Blatt* oder wenn der Lehrer schreibt *Blatt* (siehe Tafelanschrieb auf der folgenden Seite), so ist das doch ein ungeheurer Unterschied. Ob der Lehrer so schreibt: *7* oder *7*, ob er den Siebener und das Wort künstlerisch macht oder philiströs oder gar schlampig, das ist ein ungeheurer Unterschied.

Aber das, was darin wirkt, das ist, was es im Menschenleben bedeutet. So «Blatt» zu schreiben oder es so zu schreiben, alles ist eine bedeutungsvolle Sprache. Und eine bedeutungsvolle Sprache ist es auch, ob der Lehrer anständig, würdevoll ins Klassenzimmer tritt oder ob er als Stutzer hereintritt – wie man in einem bestimmten Dialekt sagt. Und eine bedeutungsvolle Sprache ist es, ob der Lehrer während des Unterrichtes immer besonnen ist, sodass dies für das Kind die Bedeutung hat: Er greift immer nach dem richtigen Gegenstand, oder ob es ihm passiert, dass, wenn er im Winter

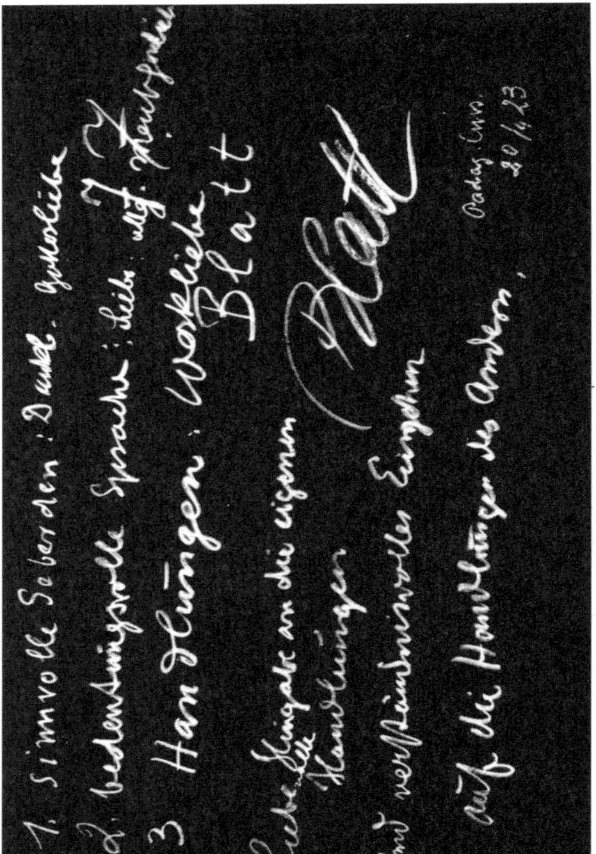

Abb. 1: Tafel 10 zum Kurs

weggeht, er sich das Handtuch, mit dem er die Tafel abgewischt hat, statt des Halstuches umbindet. Aber diese Dinge wirken nicht als Handlungen, diese Dinge wirken als Bedeutung. Und sie wirken sowohl in ihrer schlimmen, unschönen wie auch in ihrer liebenswürdigen Weise durch ihre Bedeutung. Man muss sich nur klar sein, dass da noch nicht der Handlungswert in alledem drinnenliegt, sondern der Bedeutungswert.

Da können nun auch Handlungen liebenswürdig sein, die vielleicht einem sonst, für sich hingestellt, etwas Lächerliches haben. Ich habe zum Beispiel einen Lehrer gehabt von meinem dreizehnten bis zu meinem achtzehnten Lebensjahr – ich betrachte ihn als meinen allerbesten Lehrer –, der fing nie die Stunde an, ohne dass er sich leise schnäuzte. Es würde einem riesig gefehlt haben, wenn er das einmal nicht getan hätte. Nun sage ich nicht, dass es nötig gewesen wäre für den Lehrer, das sich auszudenken und es zu machen, sondern da handelt es sich wirklich um Dinge, bei denen man fragen soll, ob es nötig ist, dass der Betreffende sie sich abgewöhnt, wenn sie instinktiv bei ihm festsitzen. Das ist etwas ganz anderes.

Auch das habe ich nur zur Illustration angeführt. Denn das, um was es sich handelt, ist, dass alles, was der Lehrer in diesem Lebensabschnitt vor dem Kinde macht, eine bedeutungsvolle Sprache ist, dass er durch das alles zu dem Kinde spricht. Das, was er in den Worten sagt, ist nur ein Teil dessen, was er zu dem Kinde spricht. Da spielen allerdings ungeheuer viele unbewusste Dinge herein, die ganz in den Tiefen des Empfindungslebens liegen. Da hat das Kind zum Beispiel eine ungemein feine Empfindung dafür – die es sich nicht mit Verstandesbegriffen zum Bewusstsein bringt –, ob der Lehrer während der Stunde etwas kokettiert mit dem oder jenem im Unterricht oder ob er ein ganz natürlich sich gebender Mensch ist. Das bedeutet für das Kind ein Ungeheures im Unterricht. Und wie ich schon angedeutet habe in der Diskussion: Einen ungeheuren Unterschied bedeutet es für das Kind, ob der Lehrer so weit vorbereitet ist, dass er das Buch oder das Heft entbehren kann. Denn das Unbewusste des Kindes sagt sich, wenn der Lehrer mit dem Buch oder mit dem Heft dasteht und unterrichtet: Wozu soll ich denn das eigentlich wissen, da er es selber nicht weiß! Man ist doch auch ein Mensch! Das ist ein vollendeter Mensch, wir sind erst werdende Menschen, und wir sollen uns nun anstrengen, zu wissen, was der selber nicht weiß! – Das ist etwas, was im Unbewussten des Kindes ungeheuer tief sitzt und was nicht wieder auszubessern ist, wenn es sich in dieses Unbewusste hineingesetzt hat. Und das begründet eben, dass wir jenes feine, unbefangene Verhalten zu den Kindern in diesem Lebensalter nur gewinnen, wenn wir – es muss schon die Pedanterie gesagt werden –, wenn wir uns ordnungsmäßig vorbereiten, für alles so vorbereiten, dass wir mit dem Inhalte ganz fertig sind, dass der in uns lebt wie geschmiert, wenn ich so sagen darf, aber nicht geschmiert, wie man mit Tinte schmiert, sondern geschmiert, wie man mit dem die Maschine fördernden Öl schmiert. Dann steht man richtig drinnen in der Klasse, dann benimmt man sich namentlich richtig drinnen in der Klasse. Und dadurch ist man auch allein in der Lage, dass in den Kindern gar nicht der Stachel sitzt, mit einem frech zu werden. Denn das ist eigentlich das Schrecklichste, wenn bei den Zehn-, Elf-, Zwölfjährigen schon die Tendenz heranrückt, mit einem frech zu werden. Es darf daher nicht in dasjenige, was wir selber sagen, auch nicht wenn wir humorvoll werden, etwas hineinkommen, was die Frechheit herausfordert. Sonst kann es natürlich dazu kommen, dass vielleicht, wenn man zu einem Schüler, der sich nicht genug Mühe gibt und an einer Stelle nicht mehr weiterkann, sagt: Da steht nun der Ochs am Berg, der Junge einem antwortet: Herr Lehrer, ich bin kein Berg! – Dazu darf es natürlich nicht kommen. Sondern es muss durch alle diejenigen Vorbereitungen, von denen ich gesprochen habe, eben das Autoritätsgefühl als etwas ganz Selbstverständliches entstehen. Nur wenn es das ganz Selbstverständliche ist, kommen solche Antworten – die ja auch glimpflicher sein können, ich habe diese ja nur zur Illustration angeführt – nicht zustande. Solche Antworten verderben ja nicht nur das betreffende Erziehungsobjekt, das man unmittelbar vor sich hat, sondern solche Antworten verderben natürlich die ganze Klasse.

Frei entstehende Werkliebe

Wenn nun der Übergang stattfindet von dem zweiten Lebensabschnitt in den dritten, dann erst beginnt die Möglichkeit für – ja, wie müsste man wohl in der Gegenwart sagen? –, für den jungen Herrn und die junge Dame die Möglichkeit, Handlungen zu sehen. Vorher wird gesehen die sinnvolle Gebärde, später wird vernommen die bedeutungsvolle Sprache; jetzt erst tritt die Möglichkeit auf, in dem, was die Umgebung tut, Handlungen zu sehen. Ich sagte: An den *sinnvollen Gebärden* entwickelt sich mit der *Dankbarkeit* die *Gottesliebe*. Aus dem Wahrnehmen der *bedeutungsvollen Sprache* entwickelt sich die *allgemeine Menschenliebe* als Grundlage der Ethik. Kommt man dann in der richtigen Weise dahin, die *Handlungen* zu sehen, dann entwickelt sich das, was man nennen kann die *Werkliebe* (siehe Tafel, S. 28). Während die Dankbarkeit wachsen muss, die Liebe erwachen, muss dasjenige, was sich jetzt entwickelt, in voller Besonnenheit schon auftreten; wir müssen den jungen Menschen dahin gebracht haben, dass er jetzt über die Geschlechtsreife hinaus in voller Besonnenheit sich entwickelt, sodass er gewissermaßen zu sich selbst gekommen ist; dann entwickelt sich die Werkliebe. Und die muss gewissermaßen als etwas frei aus dem Menschen heraus Entstehendes sich auf der Grundlage von allem Übrigen entwickeln: die Werkliebe, die Arbeitsliebe, die Liebe zu dem, was man auch selber tut. In dem Moment, wo das Verständnis für die Handlung des anderen erwacht, in dem Moment muss sich entwickeln als das Gegenbild die bewusste Einstellung zur Werkliebe, zur Arbeitsliebe, zum Tun. Dann ist in der richtigen Weise nach der Zwischenepoche das kindliche Spiel in die menschliche Auffassung der Arbeit umgewandelt. Und das ist dasjenige, was wir anstreben müssen für das soziale Leben.

Jede Erziehung ist Selbsterziehung

Was ist dazu nun notwendig beim Lehrer? Ja, dazu ist etwas notwendig beim Lehrer, was im Grunde genommen das Schwerste ist, das man entwickeln kann als Lehrender und Erziehender. Denn das Beste, was man dem Kinde geben kann durch das erste und zweite Lebensalter, ist das, was mit der Geschlechtsreife in ihm von selbst erwacht, wovon man selbst als aus der Individualität kommend überrascht ist, was aus dem Menschen selber herauskommt und dem gegenüber man sich sagt: Dazu warst du ja eigentlich nur ein Werkzeug. – Ohne die Gesinnung, die aus diesem heraussprudelt, kann man nämlich nicht in der richtigen Weise ein Lehrer sein. Denn man hat ja die verschiedensten Individualitäten vor sich, und man darf nicht so mit seinen beiden Beinen in dem Schulzimmer drinnenstehen, dass man das Gefühl hat: So wie du bist, müssen nun alle werden, die du unterrichtest oder erziehst. Dieses Gefühl darf man gar nie haben. Warum nicht? Nun, es könnten ja, wenn das Glück gerade günstig ist, unter den Schülern, die man da vor sich hat, neben außerordentlich dummen – über die aber auch noch zu sprechen sein wird – drei oder vier zu Genie veranlagte Kinder sein. Und Sie werden mir doch wirklich zugeben, dass man nicht lauter Genies zu Lehrern machen kann und dass der Fall sogar nicht selten vorkommen wird, dass der Lehrer nicht die Genialität hat, die einmal diejenigen haben werden, die vielleicht von ihm erzogen und unterrichtet werden mussten. Aber der Lehrer muss nicht nur diejenigen, die so werden können wie er, sondern er muss auch diejenigen richtig erziehen und unterrichten, die weit über ihn hinauswachsen müssen nach ihren Anlagen. Das wird man aber nur können, wenn man sich ganz und gar als Lehrer abgewöhnt die Schüler zu dem machen zu wollen, was man selber ist. Und wenn man sich entschließen kann, bis zur äußersten Möglichkeit hin selbstlos in der Schule zu stehen, sich möglichst in Bezug auf seine menschlichen Sympathien und Antipathien, in Bezug auf seine persönlichen Eigenschaften auszuschalten und sich ganz hinzugeben an dasjenige, was einem die Schüler sagen, natürlich unbewusst sagen, dann wird man die Genies in demselben Sinne richtig erziehen, wie man die Dummen richtig erziehen wird. Dadurch entsteht aber eben erst das richtige Bewusstsein im Lehrer. Und das hat er, wenn er

Abb. 2: Tafel 11 zum Kurs

sich sagt: Jede Erziehung ist im Grunde genommen *Selbsterziehung* des Menschen (siehe Tafel auf der linken Seite).

Es gibt im Grunde genommen auf keiner Stufe eine andere Erziehung als Selbsterziehung. Aus tieferen Gründen heraus wird ja das insbesondere durch die Anthroposophie eingesehen, die von wiederholten Erdenleben ein wirklich forschungsgemäßes Bewusstsein hat. Jede Erziehung ist Selbsterziehung, und wir sind eigentlich als Lehrer und Erzieher nur die Umgebung des sich selbst erziehenden Kindes. Wir müssen die günstigste Umgebung abgeben, damit an uns das Kind sich so erzieht, wie es sich durch sein inneres Schicksal erziehen muss.

Diese richtige Stellung des Erziehenden und Lehrenden zum Kinde kann man durch nichts anderes sich erringen als immer mehr und mehr durch die Ausbildung dieses Bewusstseins, dass es eben so ist. Für die Menschen im Allgemeinen mag es verschiedene Gebete geben; für den Lehrer gibt es außerdem noch dieses Gebet: «Lieber Gott, mache, dass ich mich in Bezug auf meine persönlichen Ambitionen ganz auslöschen kann.» Und: «Christus, mache besonders an mir wahr den paulinischen Ausspruch: Nicht ich, sondern der Christus in mir.» – Wie gesagt, für die anderen Menschen mag es mancherlei Gebete geben, für den Lehrer gibt es gerade dieses Gebet zu dem Gott im Allgemeinen und zu dem Christus im Besonderen, damit in ihm der richtige heilige Geist der wahren Erziehung und des wahren Unterrichts walten kann. Denn dies ist die richtige Dreieinigkeit für den Lehrer.

Wenn es einem gelingt, so in der Umgebung des Kindes zu denken, dann wird dasjenige, was aus der Erziehung hervorgehen soll, zugleich eine soziale Tat sein können. Da kommen allerdings Dinge in Betracht, die ich ja hier nur streifen kann. Aber sehen Sie nur einmal darauf hin: Wovon erwarten denn im gegenwärtigen Leben die Menschen das soziale Besserwerden? Sie erwarten alles von äußeren Einrichtungen. Sehen Sie sich das schreckliche Experiment in Sowjetrussland an. Es geht ja darauf hinaus, alles Glück der Menschheit zu suchen als Ergebnis äußerer Einrichtungen. Was man für Institutionen schaffen soll, darauf käme es in Bezug auf die soziale Entwicklung an, meint man. Das ist aber gerade das Unwesentlichste der sozialen Entwicklung. Denn Sie können Institutionen schaffen, welche es auch seien, monarchistische oder republikanische oder demokratische oder sozialistische, was immer, es wird immer davon abhängen, was für Menschen innerhalb dieser Institutionen leben und wirken. Für denjenigen Menschen, der sozial wirkt, kommen zwei Dinge in Betracht: liebevolle Hingabe an die eigenen Handlungen und verständnisvolles Eingehen auf die Handlungen des anderen.

Denken Sie einmal darüber nach, was gerade aus diesen beiden fließt: *liebevolle Hingabe an die eigenen Handlungen, verständnisvolles Eingehen auf die Handlungen des andern* (siehe Tafel, S. 28). Dass die Menschen sozial zusammenarbeiten können, das folgt nur aus diesem. Aber das können Sie äonenlang tradieren: Auf keine äußerliche Weise werden Sie das hervorbringen, Sie müssen es aus den Tiefen der Menschennatur hervorholen. Denn wenn Sie äußerliche Einrichtungen treffen wollen, auch beim besten Willen können Sie selbst solche treffen und von dem einzelnen Menschen Handlungen verlangen, an die er sich doch nicht hingeben kann; und es kann wiederum der andere Handlungen zeigen, für die man kein verständnisvolles Eingehen haben kann. Aber die Institutionen kommen von Menschen – Sie können nämlich überall an den Menschen verfolgen, wie die Institutionen aus den Menschen kommen –, und zwar aus dem kommen sie vom Menschen, was eben in größerem oder geringerem Maße von liebevoller Hingabe an die eigenen Handlungen und dem verständnisvollen Eingehen auf die Handlungen anderer liegt.

Wenn man für dieses soziale Ferment das richtige Verständnis hat, dann wird man einsehen, wie aus Mangel an diesem richtigen Verständnis die sonderbarsten Ansichten gerade in Bezug auf das Soziale heraufgezogen sind. Denken Sie doch nur einmal – um ein Beispiel anzuführen, möchte ich dies sagen: Es wird heute Millionen von Menschen, nicht Tausenden, sondern Millionen von Menschen eingetrichtert dasjenige, was aus dem sogenannten Marxismus über das Wesen der Arbeit folgt, über das Verhältnis der Arbeit zu dem sozialen Leben. Und wenn Sie nachsehen, wie der, welcher angeblich das gefunden hat, zu dem gekommen ist, was nun Millionen Menschen eingetrichtert wird, woran Millionen Menschen heute als an einem sozialen Evangelium festhalten, woraus sie agitieren, so beruht es auf einem fundamentalen Fehler der Anschauung des menschlichen sozialen Lebens. Denn Karl Marx will die Arbeit so ins Soziale hineinstellen, dass er sie bewertet an dem, was der Mensch in sich verbraucht durch dasjenige, was er in der Arbeit während der Arbeitszeit auslebt. Aber das führt zu einer vollständigen Absurdität.

Denn das, was im Menschen vor sich geht, ist ganz das Gleiche, ob ich ein bestimmtes Quantum Holz gehackt habe durch eine bestimmte Zeit hindurch oder ob ich, weil ich nicht Holz zu hacken brauche, ein eigens dazu hergerichtetes Rad so benütze, dass ich mir jede andere Arbeit dadurch erspare, dass ich nun wie auf eine Stufe auf diese Speiche mich stelle und sie herunterdrücke, dann auf die nächste Speiche und so von Speiche zu Speiche hinaufspringe. Da wird dasselbe Ergebnis sich in mir erzeugen, wie wenn ich das entsprechende Quantum Holz hacke. Die Rechnung von Karl Marx hat den gleichen Ansatz. Das Holzhacken ist aber etwas, was ich hineinstelle in den ganzen Prozess der Menschheit. Das Speichentreten an dem Rad dagegen – solch ein Rad wird ja ausdrücklich angefertigt für sich verfettigende Leute –, das hat keinen sozialen Nutzeffekt, sondern das hat nur einen hygienischen Effekt für den, der es anwendet. Aber das, was nach Karl Marx den Wert der Arbeit bemessen soll, das ist das, was menschlicher innerer Verbrauch von Nahrungsmitteln ist. Es ist einfach eine Absurdität, diesen Rechnungsansatz in nationalökonomischer Hinsicht zu machen. Und so wurden alle möglichen Ansätze gemacht, nur das eine wurde nicht in seiner vollen Bedeutung genommen: liebevolle Hingabe an die eigene Handlung, verständnisvolles Eingehen auf die Handlungen anderer.

Das aber müssen wir erreichen, dass wir in der Umgebung des Kindes uns so benehmen, dass für dieses Kind mit der Geschlechtsreife zum vollen Bewusstsein kommt dasjenige, was in diesen zwei Sozialsätzen liegt. Dazu müssen wir voll verstehen, was es heißt, neben dem Kinde so zu stehen, dass das Kind die beste Selbsterziehung neben uns treibt.

INDIVIDUELLE FREIHEIT UND SOZIALES VERTRAUEN

Auszug aus dem Vortrag, Oxford, 29. August 1922

Was gegenwärtig, wenn man überhaupt in das soziale Leben hineinsehen will, anzuschauen notwendig ist, das ist, dass der Mensch aus alten Bildungen überall herausstrebt und lediglich Mensch sein will, freier Mensch sein will.

Daher brauchen wir heute vor allen Dingen eine Weltanschauung – wie man im Deutschen sagen kann –, eine Weltanschauung der Freiheit, hier muss man sagen, weil das Wort Freiheit hier eine andere Bedeutung hat: eine Weltanschauung der spirituellen Aktivität, des Handelns, des Denkens, des Fühlens, aus der menschlichen geistigen Individualität heraus.

Ich versuchte im Beginn der Neunzigerjahre, das Bild des Menschen, wie er gegenwärtig strebt, wie er ist, wenn man nicht auf seinen Kopf, sondern auf sein Unterbewusstes sieht, in meiner «Philosophie der Freiheit» zu zeichnen, die ja hier ins Englische übersetzt ist. Der Mensch war früher in Bindungen drinnen, die sein Denken und sein Handeln bestimmten. Man sehe sich einen Menschen des Mittelalters an: Er ist ja nicht in dem Sinne Mensch wie der heutige, er ist vor allen Dingen der Angehörige eines Standes, einer Kaste. Er ist nicht Mensch, er ist Christ, er ist Adeliger, er ist Bürger. Alles, was er denkt, ist bürgerlich oder adelig oder priesterhaft. Der Mensch wurde erst im Laufe der letzten Jahrhunderte aus solchen Zusammenhängen gelöst.

Man fragte in früheren Zeiten, wenn es sich darum handelte, sich sozial hineinzustellen in die menschliche Gemeinschaft als Individuum, man fragte: Was ist gut priesterhaft? Wie verhält man sich als Priester zu den anderen Menschen? Wie verhält man sich als Bürger zu den anderen Menschen? Wie verhält man sich als Adeliger zu den anderen Menschen? – Heute fragt man: Wie verhält sich der Mensch, wenn er sich seiner Menschenwürde und seiner Menschenrechte voll bewusst sein kann?

Da muss aber dann der Mensch in sich etwas finden. Er muss die Antriebe, die ihm früher das Bürgertum, das Adelstum, das Priestertum gegeben und die ihn zu seinem sozialen Handeln getrieben haben, er muss diese Antriebe in sich selber finden. Und er kann sie nicht in seinem Körper finden, er muss sie in dem Geiste, der eingeprägt ist seiner Seele, finden. Deshalb bezeichnete ich in meiner «Philosophie der Freiheit» den sittlichen Impuls, der zu gleicher Zeit der tiefste soziale Impuls ist, das moralisch Impulsierende im Menschen, das bezeichnete ich als moralische Intuition. Es muss etwas aufgehen in dem Menschen drinnen, was ihm sagen soll im konkretesten Falle des Lebens: So sollst du handeln.

Sehen Sie, da ist alles auf die menschliche Individualität gestellt. Da muss man den einzelnen Menschen, die Individualität anschauen und muss voraussetzen: In diesem Herzen, in dieser Seele sind moralische Intuitionen. Darauf muss alle Erziehung hinauslaufen, diese moralischen Intuitionen zu wecken, sodass jeder Mensch fühlt von sich: Ich bin nicht von dieser Erde allein, ich bin nicht bloß ein Produkt der physischen Vererbung, ich bin aus den geistigen Welten heruntergestiegen auf die Erde und habe etwas zu tun auf dieser Erde als dieser einzelne individuelle Mensch.

Aber da muss man wissen nicht bloß, dass man etwas zu tun hat, sondern was man zu tun hat. Man muss in sich finden in der einzelnen konkreten Situation darinnen, was man zu tun hat. Das muss einem die Seele sagen. Das unbestimmte Gewissen muss zur moralischen individuellen Intuition werden. Das heißt: frei werden als Mensch, das heißt: nur bauen auf dasjenige, was in dem Menschen selber drinnen ist.

Und das haben manche Menschen sehr übel genommen, weil sie gemeint haben, dann sei alles Moralisch-Soziale in die Willkür des einzelnen Individuums gegeben. Das ist es nicht, sondern es ist gestellt auf diejenige Basis, auf der allein das soziale Leben stehen kann; nämlich einerseits auf der Basis des Vertrauens. Dieses Vertrauen, wir müssen es gewinnen können auch den großen Angelegenheiten des Lebens gegenüber. Den kleinen Angelegenheiten des Lebens gegenüber, da haben wir es; denn wenn ich hier hinausgehe zur Tür, und Mr. K. begegnet mir draußen, habe ich ein unbewusstes Vertrauen, dass er nicht auf mich loskommt und mich niederstößt, indem er gerade seinen Weg geht; ich richte mich selber nach diesem Vertrauen ein, und wir weichen einander gegenseitig aus, damit wir uns nicht stoßen. Das tun wir in den kleinen Details des Lebens. Das ist etwas, was, wenn sich der freie Mensch richtig versteht, überall in allen Angelegenheiten des Lebens angewandt werden kann. Aber es ist notwendig, dass Vertrauen herrscht von Mensch zu Mensch. In diesem Vertrauen – was ein goldenes Wort ist –, in der Erziehung zu diesem Vertrauen, zu dem Glauben an den einzelnen Menschen, nicht bloß an die Nation oder an die Menschheit, in dieser Erziehung zu dem Glauben an den einzelnen Menschen liegt dasjenige, was allein Impuls sein kann für das soziale Leben der Zukunft;

denn von dem einzelnen Menschen zur Gemeinschaft führt auf der einen Seite nur dieses Vertrauen.

Und die andere Basis ist diese: Wir müssen, wenn niemand dasteht, der uns zwingt, irgendetwas zu tun, den Antrieb in uns selber finden. Auch den Gefühls-, den Gemüts-, den Seelenantrieb müssen wir in uns selber finden.

Was heißt das? Wenn ich früher Priester gewesen bin, so wusste ich, wie ich eingeordnet bin in das soziale Leben. Ich brauchte da nicht gerade in ein Buch hineinzuschauen, aber ich habe gewusst: So habe ich mich zu verhalten. Hatte ich das Ordenskleid an, so wusste ich, indem ich das Ordenskleid anhabe, das legt mir ganz bestimmte Pflichten auf. Hatte ich den Adelsdegen, so wusste ich, dass der Adel meine Menschlichkeit bestimmt. Ich war gerichtet, ich war geordnet im sozialen Leben. War ich Bürger, war das ebenso.

Das ist etwas, was – man kann es nun tadeln oder loben, darauf kommt es nicht an – in dem gegenwärtigen Augenblick der Menschheit wegfällt. Sie können noch so viele Menschen finden, die das alles wieder zurückhaben möchten, die Weltgeschichte sagt eben anderes. Da nützt es nichts, abstrakte Programme aufzustellen für allerlei Gemeinschaften, da nützt es nur, die Weltgeschichte sich anzuschauen.

Und da kommen wir zu der Frage: Was soll jetzt der Gefühlsimpuls werden für dasjenige, was soziales Handeln ist, wenn nicht mehr die Priestertugend, nicht mehr die Bürgertugend, nicht mehr die Adelstugend die Tugend des vierten Standes von hinten treibt?

Es kann nur das werden: Wenn wir zu dem, was wir zu tun haben, namentlich gegenüber anderen Menschen, ein solches Vertrauen fassen können, wie wir es zu einem Menschen fassen, wenn wir ihn lieben.

Frei sein heißt: in Handlungen sich ausleben, die man liebt.

Vertrauen ist das eine goldene Wort, das in der Zukunft das soziale Leben beherrschen muss. Liebe zu dem, was man zu tun hat, ist das andere goldene Wort. Und in der Zukunft werden diejenigen Handlungen sozial gut sein, die aus allgemeiner Menschenliebe gemacht werden.

EHRFURCHT, LIEBE UND FREIHEIT

Auszug aus dem Vortrag, Oxford, 19. August 1922

Eigentlich müssten alle unsere höheren Empfindungen beginnen können mit der Grundempfindung des Dankes dafür, dass uns die kosmische Welt aus sich herausgeboren und in sich hineingestellt hat. Eine Weltanschauung, eine Philosophie, die auf abstrakte Anschauungen sich beschränkt und nicht ausströmt in Dankbarkeit des Empfindungslebens gegenüber dem Kosmos, ist keine vollständige Philosophie. Sie ist eine Philosophie für die Kopfbetätigung, nicht für das Erleben des ganzen menschlichen Organismus. Eine Kopfbetätigung, die aber den übrigen Organismus nicht erwärmen kann, macht nicht glücklich, sondern unglücklich. Denn sie entwickelt sich wie ein Fremdkörper, wie eine seelische Geschwulst. Das Schlusskapitel einer jeden Philosophie sollte in diesem Gefühle der Dankbarkeit gegenüber den kosmischen Mächten auslaufen. Und wenn der Autor dies auch nicht unmittelbar sagt, so sollte es doch im Leser angeregt werden. Diese Dankbarkeit aber muss vor allen Dingen der Lehrer, der Erzieher haben. Es muss sie auch instinktiv jeder Mensch haben, dem ein Kind zur Erziehung anvertraut ist. Es ist auch das erste Bedeutungsvolle, das durch eine spirituelle Erkenntnis erreicht wird, dass man die Dankbarkeit schöpft für die Tatsache, dass man ein Kind zur Erziehung erhalten hat. Ehrfurcht vor dem geheimnisvollen Wesen des Kindes – Ehrfurcht und Dankbarkeit sind in diesem Punkte nicht zu trennen – muss der Anfang der Gesinnung sein, mit welcher der Erzieher an seine Aufgabe geht. Es gibt nur eine Stimmung gegenüber dem Kinde, welche die richtigen Impulse zum Erziehen und Unterrichten gibt; und das ist gerade dem Kinde gegenüber die religiöse Stimmung.

Man empfindet vielem gegenüber religiös. Man empfindet der Blume auf dem Felde gegenüber religiös, wenn wir sie als ein Geschöpf der göttlich-geistigen Weltordnung auf uns wirken lassen. Man empfindet so dem Blitze gegenüber, wenn er in den Wolken zuckt, und wenn man empfinden kann, wie er in der göttlich-geistigen Weltordnung drinnensteht. Man muss so vor allen Dingen empfinden, wenn aus dem tiefen Schoße der Weltenordnung heraus uns die höchstmögliche Offenbarung, durch die gesagt wird, was die Welt ist, einem in dem Kinde entgegentritt. In dieser Stimmung liegt einer der wichtigsten Impulse der Erziehungstechnik.

Dankbarkeit ist vor allen Dingen die Grundstimmung, die den Lehrenden, den Erziehenden durchziehen soll, wenn er in der ersten Lebensepoche bis zum Zahnwechsel der kindlichen Entwickelung gegenübersteht.

Ein neues Element tritt auf in der zweiten Lebensepoche. Diejenige Entwickelung des Kindes, die vor allen Dingen auf das rhythmische System gebaut ist, erfordert, dass alle Tätigkeit des Erziehers einen künstlerischen Charakter hat. Man wird niemals das zustande bringen, was in der Umgebung des Kindes wirken soll, wenn man nicht durchtränken kann die religiöse Stimmung gegenüber dem Kinde, die fortdauern muss, mit einer intensiven Liebe zu unseren Erziehungstaten, unserer Erziehungsaktivität. Denn in dieser Liebe waltet diejenige Kraft, welche den Erzieher zu einer Betätigung führt, welche von dem Kinde ästhetisch-liebend empfunden wird.

Vom Zahnwechsel bis zur Geschlechtsreife ist nichts in das Kind hinein wirksam, das nicht beim Erziehenden getragen ist von der Liebe zur Erziehungstat selber. Was man in Liebe als Erzieher ausführt, das wird von dem Kinde in diesem Lebensalter als etwas empfunden, das es sich aneignen muss, um ein Mensch zu sein.

Von dem Intellekt allein kann keine Erziehungskunst kommen; sondern allein von dem, was die charakterisierte Dankbarkeit und Liebe für das Erziehen offenbaren.

In der Erziehungskunst, welche in der Stuttgarter Waldorfschule versucht wird, sieht man viel mehr darauf, wie der Lehrer ist, als was er intellektualistisch an technischer Handhabung abstrakter Unterrichtsmethoden sich erworben hat. Der Lehrer soll nicht nur das Kind lieben können, sondern er soll seine Methode lieben können, weil im Wirken dieser Methode sich das Kind entwickelt. Auf das Letztere kommt es an. In eine Methode verliebt sein, weil sie die eigene ist, taugt nicht für den Erzieher. Er soll an dem, was das Kind wird, seine Methode lieb haben. Kinder lieb haben genügt allein auch nicht für den Lehrer; sondern das Lehren lieb haben, das Erziehen lieb haben, und es lieb haben mit derjenigen Objektivität, die am Kinde sich offenbart, das eignet man sich an, wenn man von einer spirituellen Grundlage für die physische, seelische und moralische Erziehung aus an seine Aufgabe geht. Und wenn man diese rechte Liebe für das Erziehen, für das Unterrichten als Gesinnung hat, dann wird man auch das Kind heranbilden bis zur Geschlechtsreife so, dass man wirklich es der Freiheit, dem freien Gebrauche seiner Intellektualität im weiteren Leben überliefern kann.

Hat man das Kind in religiöser Ehrfurcht empfangen, hat man es in Liebe zu den Erziehungstaten bis zur Geschlechtsreife erzogen, dann kann man auch das rechte Erlebnis dem werdenden Menschen gegenüber haben: ihn in Freiheit als unseresgleichen neben sich zu haben. Ist man dann in der Lage, noch weiter erzieherisch auf den Menschen wirken zu können, so wird man dem frei gewordenen Wesen gegenüber von Intellekt zu Intellekt wirken können. Indem man so erzieht, wie das angedeutet worden ist, indem man vorher nicht antastet, was sich frei entwickeln soll, sondern den Geist stufenweise wach werden lässt durch das, was man als Erzieher tut, wird der Mensch, wenn er geschlechtsreif geworden ist, sein eigenes Wesen als ein erwachendes erleben; und dieser Moment des Erwachens wird der Quell einer Kraft sein, die im ganzen folgenden Leben nachwirkt.

Man soll sich nicht sagen: du sollst dies oder jenes in die Kinderseele hineingießen, sondern du sollst Ehrfurcht vor seinem Geiste haben. Diesen Geist kannst du nicht entwickeln, er entwickelt sich selber. Dir obliegt es, ihm die Hindernisse seiner Entwickelung hinwegzuräumen, und das an ihn heranzubringen, das ihn veranlasst, sich zu entwickeln. Du kannst dem Geist die Hindernisse wegräumen im Physischen und auch noch ein wenig im Seelischen. Was der Geist lernen soll, das lernt er dadurch, dass du ihm diese Hindernisse wegnimmst. Der Geist entwickelt sich auch in allerfrühester Jugend schon am Leben. Aber sein Leben ist dasjenige, das man als Erzieher in seiner Umgebung entfaltet. Die allergrößte Selbstverleugnung ist Aufgabe des Erziehers. Er muss in der Umgebung des Kindes so leben, dass der Kindesgeist in Sympathie das eigene Leben an dem Leben des Erziehers entfalten kann. Man darf niemals die Kinder zu einem Abbild von sich selbst machen wollen. Es soll in ihnen nicht fortleben in Zwang, in Tyrannei dasjenige, was in dem Erzieher selbst war, noch in derjenigen Zeit, in denen sie hinausgewachsen sind über Schule und Erziehung. Man muss so erziehen können, dass man für dasjenige, was aus einer göttlichen Weltordnung neu in jedem Zeitalter in den Kindern in die Welt hereintritt, die physischen und seelischen Hindernisse wegräumt, und dem Zögling eine Umgebung schafft, durch die sein Geist in voller Freiheit in das Leben eintreten kann.

Die drei goldenen Regeln der Erziehungs- und Unterrichtskunst, die in jedem Lehrer, jedem Erzieher ganz Gesinnung, ganz Impuls der Arbeit sein müssen, die nicht bloß intellektualistisch gefasst werden dürfen, sondern die von dem ganzen Menschen erfasst werden müssen, die müssen sein:

Religiöse Dankbarkeit gegenüber der Welt, die sich in dem Kinde offenbart, vereinigt mit dem Bewusstsein, dass das Kind ein göttliches Rätsel darstellt, das man mit seiner Erziehungskunst lösen soll.

In Liebe geübte Erziehungsmethode, durch die das Kind sich instinktiv an uns selbst erzieht, sodass man dem Kinde die Freiheit nicht gefährdet, die auch da geachtet werden soll, wo sie das unbewusste Element der organischen Wachstumskraft ist.

DREI GOLDENE REGELN DER ERZIEHUNGSKUNST

Aus einem Notizbuch

Das Kind in Ehrfurcht aufnehmen
In Liebe erziehen
In Freiheit entlassen

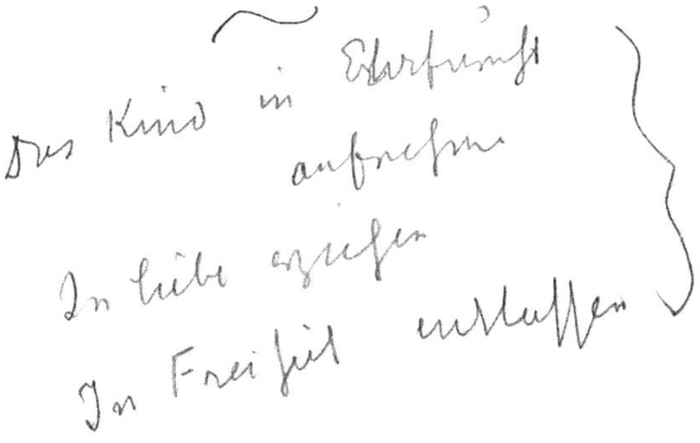
Das Kind in Ehrfurcht
aufnehmen
In Liebe erziehen
In Freiheit entlassen

Abb. 3: Aus Notizbuch Nr. 242, Rudolf Steiner Archiv

ANHANG

Textgrundlage

Alle Wortlaute Steiners sind, abgesehen von Anpassungen der Orthografie, nach der Rudolf Steiner Gesamtausgabe (GA), hrsg. von der Rudolf Steiner Nachlassverwaltung, wiedergegeben:

Vortrag, Dornach, 20. April 1923, in: Rudolf Steiner: *Die pädagogische Praxis vom Gesichtspunkte geisteswissenschaftlicher Menschenerkenntnis. Die Erziehung des Kindes und jüngeren Menschen*. Acht Vorträge, gehalten in Dornach vom 15. bis 22. April 1923, GA 306, 4. Aufl. Dornach 1989, S. 115–134. Der Vortrag vom 20. April 1923 wurde gemäß Veranstaltungsprogramm mit den Vorträgen an den beiden vorangegangenen Tagen unter dem Titel «Die pädagogische Praxis vom Gesichtspunkte anthroposophischer Menschenerkenntnis» gehalten.

Vorträge, Oxford, 19. und 29. August 1922, in: Rudolf Steiner: *Die geistig-seelischen Grundkräfte der Erziehungskunst. Spirituelle Werte in Erziehung und sozialem Leben*. Zwölf Vorträge, gehalten in Oxford vom 16. bis 29. August 1922, GA 305, 3. Aufl. Dornach 1991, S. 71–75 und 224–227.

Notizbuch Archiv-Nr. NB 242, Rudolf Steiner Archiv Dornach. Der hier auf S. 51 wiedergegebene Spruch (Abbildung 3) ist abgedruckt in: Rudolf Steiner: *Ritualtexte für die Feiern des freien christlichen Religionsunterrichtes und das Spruchgut für Lehrer und Schüler der Waldorfschule*, GA 269, 1. Aufl. Dornach 1997, S. 179.

Die Wandtafelanschriebe (Abbildungen 1 und 2) sind wiedergegeben nach Tafel 10 und 11 der Tafelzeichnungen zum Vortragskurs, enthalten in: Rudolf Steiner: *Wandtafelzeichnungen zum Vortragswerk. Band XXI*, GA K58/21, Dornach 1990, S. 58 und 59. Wortlaute, die an die Tafel geschrieben wurden, sind im Text kursiv gesetzt.

Titel und Zwischentitel wurden für diese Sonderausgabe vom Herausgeber hinzugefügt.

Hinweise zum Text

11 *wie das in den letzten Tagen hier angedeutet worden ist:* Die vorangegangenen Vorträge des Kurses hatten eine pädagogisch orientierte Erkenntnis des jüngeren Menschen insbesondere aus den kindlichen Urtätigkeiten des Gehens, Sprechens und Denkens entwickelt.

15 *was ich in den letzten Tagen gesagt habe:* Das Beispiel vom Warmwerden des Ofens hatte Steiner schon zwei Tage zuvor im Vortrag am 18. April 1923 verwendet.

17 *was ich gestern bezeichnete als «Dilettantismus zum Quadrat»:* Bezieht sich auf eine im vorhergehenden Vortrag am 19. April 1923 polemisch-humoristisch zugespitzte Kritik an der wissenschaftlichen Physiologie und Psychologie. Da dieser Vortrag am Vortag stattfand, wurde der Wortlaut an dieser Stelle von «vorgestern» zu «gestern» geändert.

19 *was ich gestern und vorgestern geschildert habe:* Die besondere anthropologische Bedeutung der Entwicklung des Kindes zwischen dem neunten und zwölften Lebensjahr mit vielen Folgerungen für Pädagogik, Didaktik und Lehrplan hat Steiner oft beschrieben, unter anderem auch in den Vorträgen dieses Kurses.

24 *wie ich schon angedeutet habe … ein Heilen von der Erbsünde:* Bezieht sich auf den zweiten Vortrag des Kurses

am 16. April 1923, in welchem Steiner Fragen zum Einfluss von Vererbung und Umgebung auf die frühkindliche Entwicklung besprochen und in ein Verhältnis zur Vorstellung von der Erbsünde gebracht hatte, siehe GA 306, S. 43–46.

30 *wie ich schon angedeutet habe in der Diskussion:* Bezieht sich auf die Behandlung dieses Themas bei der Fragenbeantwortung nach dem Vortrag am 19. April 1923, siehe GA 306, S. 185f.

32 *Werkliebe:* Nur in diesem Vortrag verwendete Steiner die schöne Wortbildung Werkliebe. In einer kleinen Rekapitulation im folgenden Vortrag des Kurses am 21. April 1923, GA 306, S. 141, heißt es: «Es gibt keine richtige Pflichtmäßigkeit, die eingedrillt worden ist. Es gibt nur eine Pflichtmäßigkeit, welche von selber entstanden ist aus der naturgemäßen Menschenentwicklung auf Grundlage der Dankbarkeit, wie ich es gestern auseinandergesetzt habe, und der Liebefähigkeit. Sind diese, die *Dankbarkeit* und die *Liebefähigkeit*, in der richtigen Weise entwickelt worden, dann kommt die *Pflichtmäßigkeit* mit der vollendeten Geschlechtsreife heraus. Und es ist eine notwendige menschliche Lebenserfahrung, dass dieses selbstverständliche Herauskommen der Pflichtmäßigkeit da ist.» – In einem etwas früheren pädagogischen Vortrag bezeichnete Steiner die drei Grundtugenden auch unter Zuhilfenahme eines englischen Begriffes als «Dankbarkeit, Liebe, duty», weil dies sprachlich zutreffender sei, siehe den Vortrag, Dornach, 7. Januar 1922, in: *Die gesunde Entwicklung des Menschenwesens. Eine Einführung in die anthroposophische Pädagogik und Didaktik*, GA 303, 4. Aufl. Dornach 1987, S. 304–309. Eine weitere Betrachtung zum Bedeutungsunterschied von «Pflicht» und «duty» findet sich im Vortrag über «Anthroposophie und Sprachwissenschaft», Berlin, 11. März 1922, in: *Erneuerungsimpulse für Kultur und Wissenschaft. Berliner Hochschulkurs*, GA 81, 1. Aufl. Dornach 1994, S. 141–145.

35 *den paulinischen Ausspruch:* Brief des Paulus an die Galater, 2,20.

Dinge ..., die ich ja hier nur streifen kann: Die folgenden Ausführungen zum Wert der Arbeit und zum Marxismus, der zu dieser Zeit in Russland zur Bildung der Sowjetunion führte, entspringen dem sozialen Gedankengut Steiners. Er behandelte in diesen Jahren oft soziale und pädagogische Fragen und hatte eine Bewegung zur gesellschaftlichen Erneuerung initiiert. Dabei betrachtete er Erziehung und Bildung als wichtigsten Teil des Geisteslebens der Gesellschaft, das unabhängig neben den beiden selbstständigen Bereichen des politisch-rechtlichen Lebens und des Wirtschaftslebens zu organisieren sei. Zu Steiners Ideen zur sozialen Organisation siehe sein Buch: *Die Kernpunkte der sozialen Frage in den Lebensnotwendigkeiten der Gegenwart und Zukunft* [1919], GA 23, 6. Aufl. Dornach 1976.

39 *weil das Wort Freiheit hier eine andere Bedeutung hat:* Bezieht sich auf den Kontext dieser Vorträge, die vor englischsprechendem Publikum in Oxford stattfanden. Siehe auch den folgenden Hinweis.

die ja hier ins Englische übersetzt ist: Nach der ersten englischen Übersetzung von Steiners *Philosophie der Freiheit* unter dem Titel *The Philosophy of Freedom* (1916), der die deutsche Erstausgabe von 1894 zugrunde liegt, erschien die zweite englische Ausgabe, die der überarbeiteten deutschen Ausgabe von 1918 folgt, unter dem Titel *The Philosophy of Spiritual Activity* (1922).

46 *auf das rhythmische System gebaut ist:* Das rhythmische System von Atmung und Blutzirkulation ist nach der für Steiners Werk zentralen Entdeckung der Dreigliederung des menschlichen Organismus zwischen dem oberen Nerven-Sinnes-System und dem unteren Stoffwechsel-Gliedmaßen-System das mittlere von drei Systemen, welche die Physis des Menschen restlos durchdringen. Es ist vorwiegend in Brust und Rumpf lokalisiert, das obere System ist vorherrschend im Kopf und das untere in den Bewegungsorganen. Alle Systeme sind immer gleichzeitig und miteinander tätig,

wobei in der Entwicklung des Kindes und Jugendlichen, wie Steiner vielfach als eine wesentliche Grundlage für die anthroposophische Pädagogik ausgeführt hat, zunächst das Nerven-Sinnes-System vom Kopfe aus überwiegt (erstes Jahrsiebt), dann das rhythmische System (zweites Jahrsiebt) und schließlich das Stoffwechsel-Gliedmaßen-System (drittes Jahrsiebt).

47 *welche in der Stuttgarter Waldorfschule versucht wird:* Unter der Leitung Steiners war 1919 in Stuttgart eine Schule für die Kinder der Arbeiterinnen und Arbeiter der Zigarettenfabrik Waldorf-Astoria entstanden und schnell gewachsen. Zum Zeitpunkt dieser Vorträge 1922 gab es bereits Initiativen für weitere «Waldorfschulen» in verschiedenen Ländern.

49 *Die drei goldenen Regeln der Erziehungs- und Unterrichtskunst:* Entgegen dem inhaltlichen Zusammenhang formulierte Steiner, wie die Herausgeber in der Gesamtausgabe erläutern, hier in seiner unvollendet gebliebenen Bearbeitung dieses zur Veröffentlichung vorgesehenen Vortrags nur zwei Regeln aus. Der auf S. 51 wiedergegebene bekannte Spruch aus seinem Notizbuch enthält alle drei Motive.

IN DER REIHE THEMENTEXTE ERSCHIENEN

Rudolf Steiner
Die Erziehung des Kindes
Ein Aufsatz und zwei Vorträge 1906 und 1907

Hrsg. von Cornelius Bohlen

3. Aufl. 2015, br., 88 S.
ISBN 978-3-7274-5399-1

Der Band stellt in kompakter, leicht verständlicher Form die Grundlagen der Waldorfpädagogik vor.